أَ

alif

أَسَد

asad

bākhira

تَاج

tāj

thā’

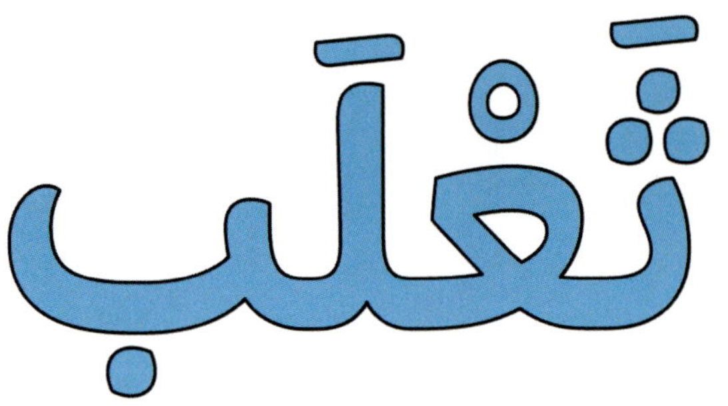

tha‘lab

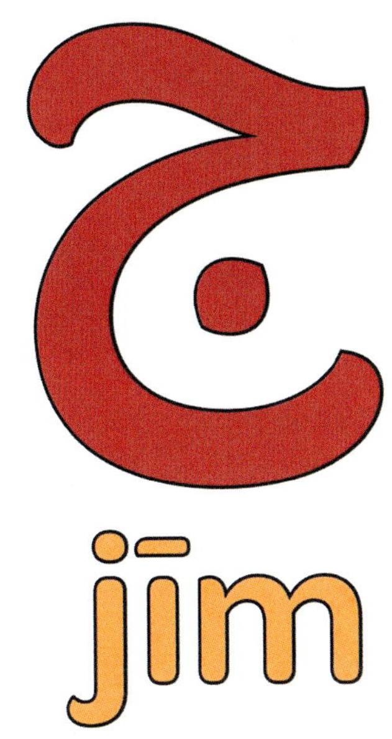

jīm

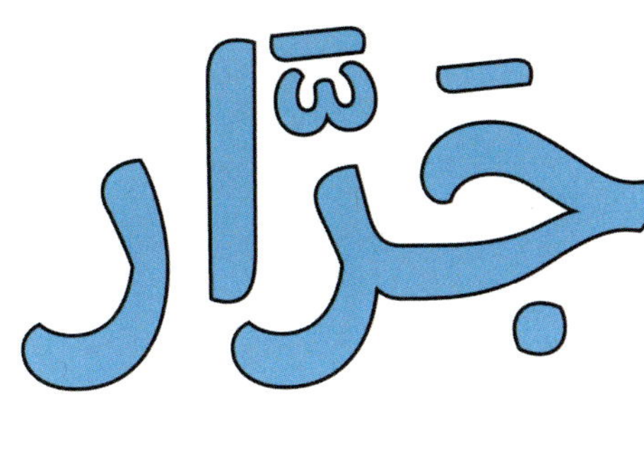

jarrār

ح
h̲ā’

حَافِلَة
h̲āfila

خَاتَم
khātam

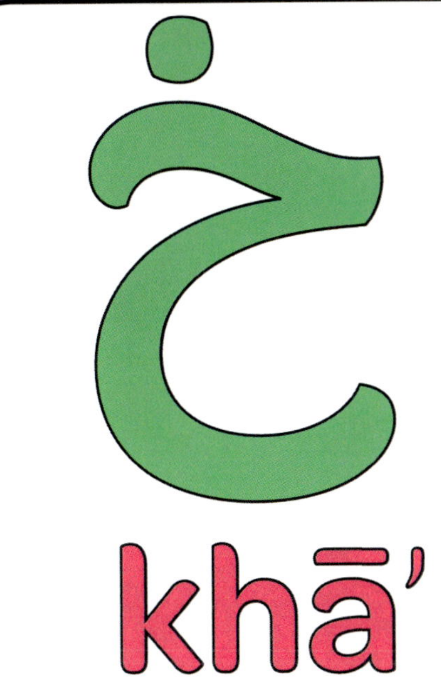
خ
khā’

dubb

dāl

ذ

dhāl

ذُرَة

dhura

رِيشَة
rīcha

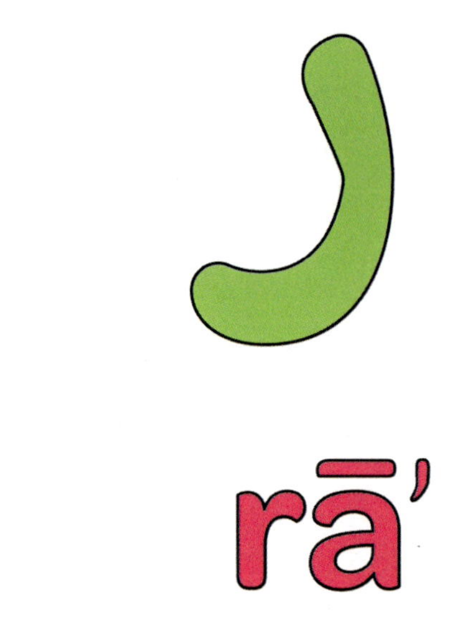
ر
rā’

زَهْرَة

zahra

ز

zāy

sīn

سَمَكة

samaka

شَمْس
shams
ش
shīn

ṣād

ṣundūq

ضِفْدَع

ḏifda‘

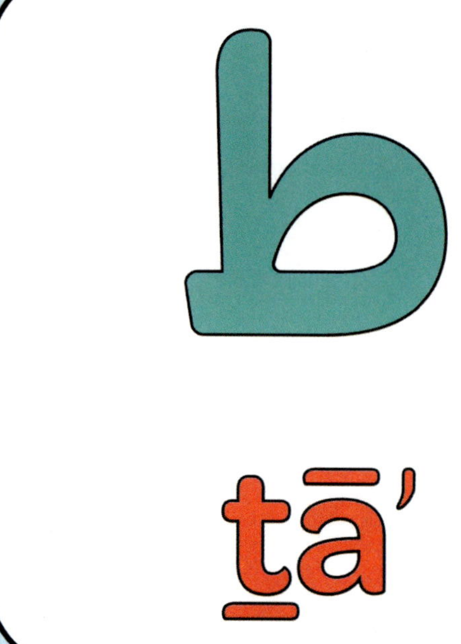

طَائِرَة

ṯā’ira

ظ

ẕā’

ظَرْف
ẕarf

عُصْفُور

ʻuṣfūr

ع

ʻayn

ghawwās

فِيل
fīl
ف
fā'

ق

qāf

قِطّ

qiṯṯ

ك

kāf

كُرْسِيّ

kursiy

ل
lām

لِصّ
lis̲s̲

مُنْطَاد

munṯād

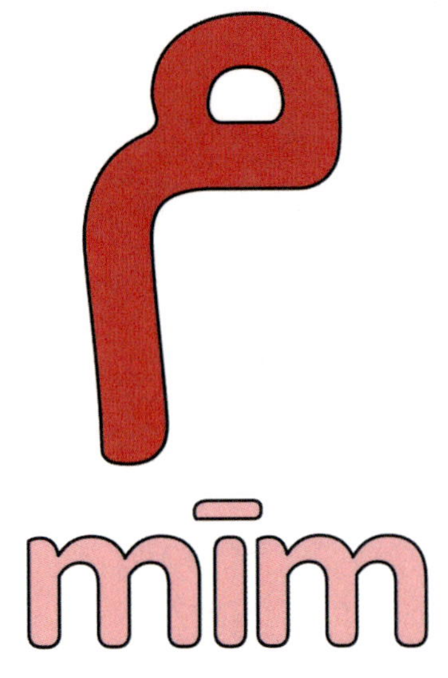

mīm

نَجْمَة
najma
ن
nūn

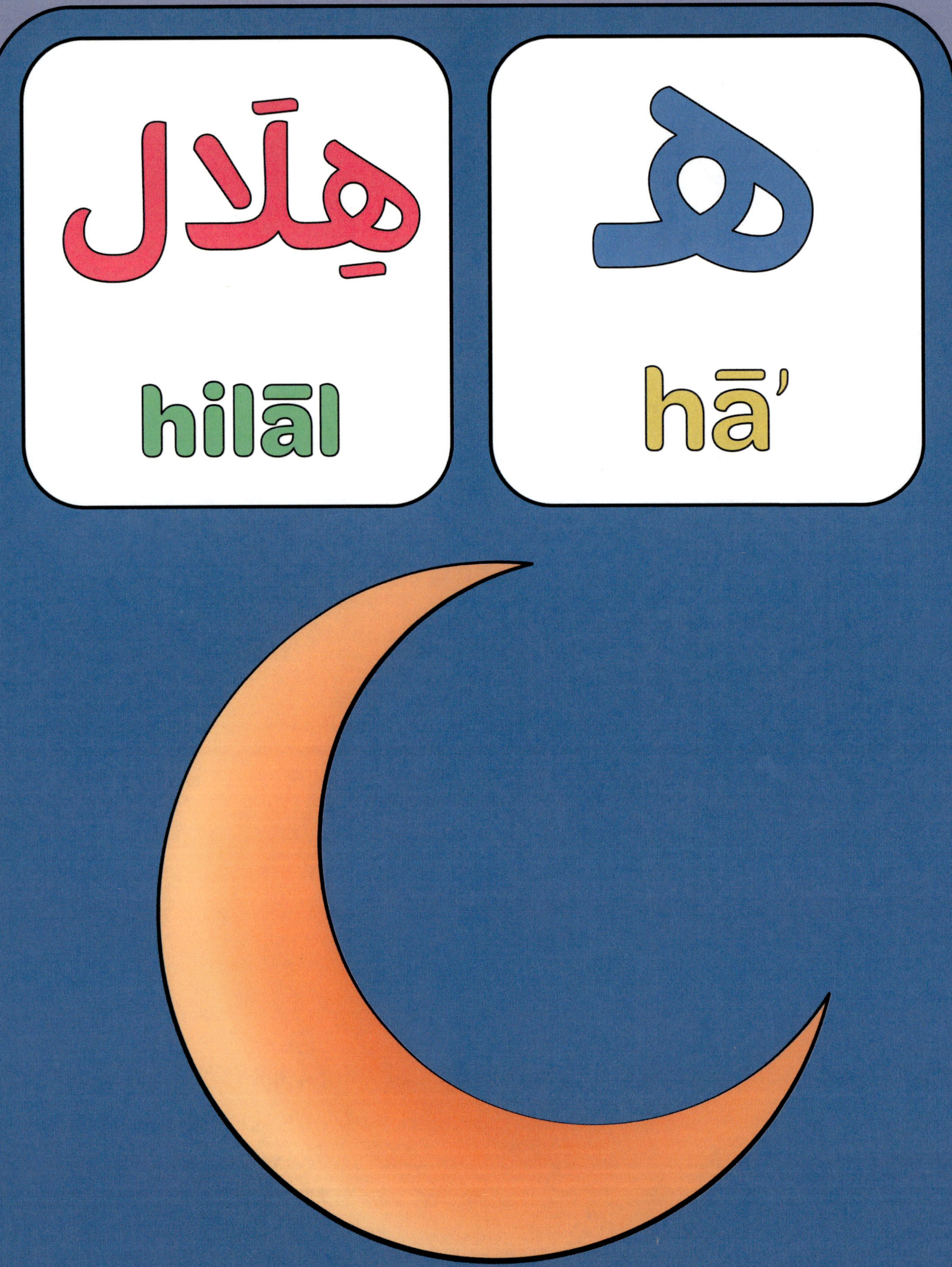

هـ
hā’
هِلَال
hilāl

وَرَقَة

waraqa

و

wāw

يَد
yad
ي
yāʼ

Made in the USA
Middletown, DE
26 August 2020